AF201173

Impressum
Verlag: BABADADA GmbH, Nedderfeld 112 , 22529 Hamburg
Geschäftsführer / Verlagsleitung: Harald Hof
Druck: Books on Demand GmbH, In de Tarpen 42, 22848 Norderstedt

Imprint
Publisher: BABADADA GmbH, Nedderfeld 112 , 22529 Hamburg, Germany
Managing Director / Publishing direction: Harald Hof
Print: Books on Demand GmbH, In de Tarpen 42, 22848 Norderstedt, Germany

escuela
dibistan

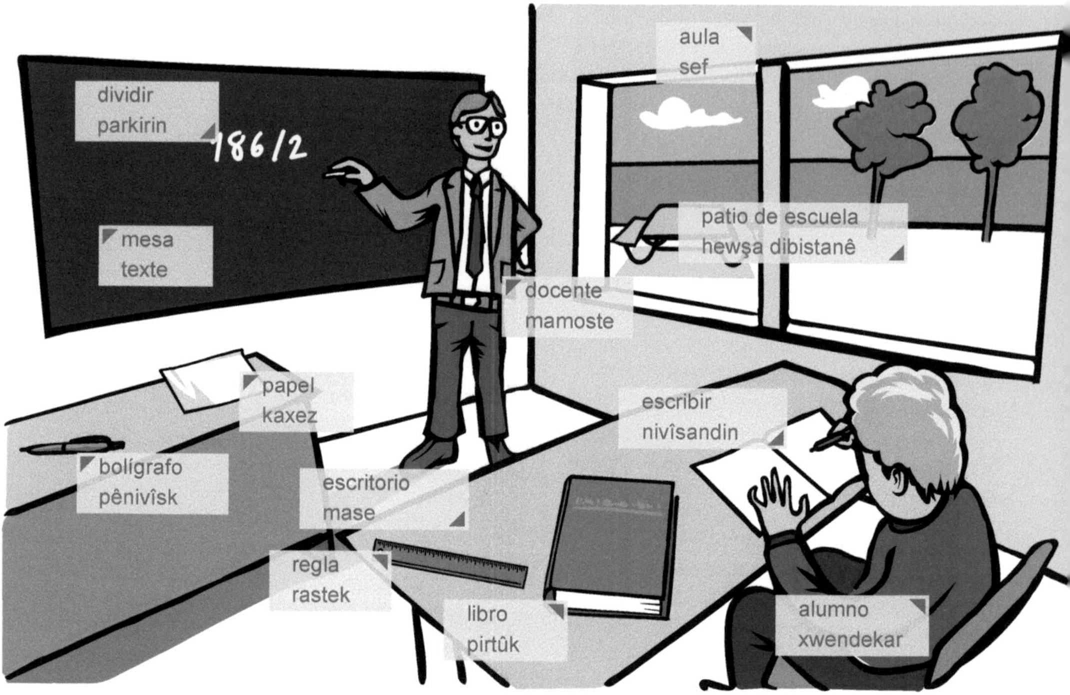

aula
sef
dividir
parkirin
186/2
mesa
texte
patio de escuela
hewşa dibistanê
docente
mamoste
papel
kaxez
escribir
nivîsandin
bolígrafo
pênivîsk
escritorio
mase
regla
rastek
libro
pirtûk
alumno
xwendekar

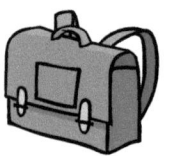

mochila escolar

çewal

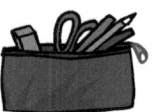

caja de lápices

qûtî nivîstok

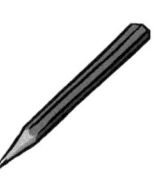

lápiz

qelemrisas

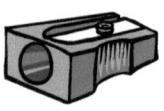

sacapuntas

nivîstok tûjkir

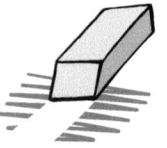

goma de borrar

jêbir

bloc de dibujo

nivîska nîgarê

dibujo
nîgar

pincel
firçeya rengê

caja de pinturas
qûtî reng

tijera
meqes

pegamento
lezaq

libro de ejercicios
pirtûka fêrbûn

tarea
wezîfa malê

12

número
hejmar

2+2

sumar
zêdekirin

5-2

restar
derxistin

2×2

multiplicar
zêdekirin

calcular
hesibandin

A

letra
tîp

ABCDEFG
HIJKLMN
OPQRSTU
VWXYZ

alfabeto
alfabe

hello

palabra
peyv

texto
....
nivîsê

leer
....
xwandin

tiza
....
geç

lección
....
ders

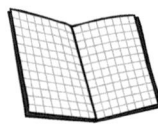

libro de clase
....
qeydkirin

examen
....
îmtîhan

certificado
....
şehade

uniforme escolar
....
kinca dibistanê

educación
....
perwerdehî

enciclopedia
....
zanistname

universidad
....
zanîngeh

microscopio
....
mîkroskûp

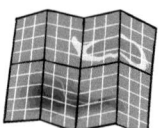

mapa
....
xerîte

cesto de papeles
....
sepeta kaxezê

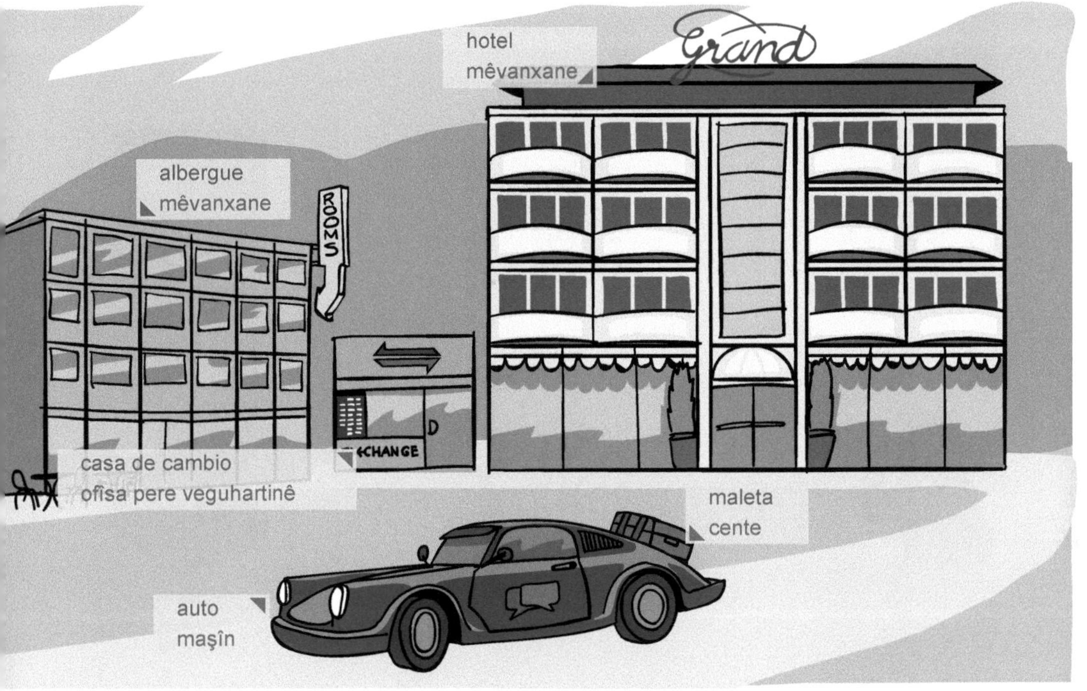

hotel
mêvanxane
Grand
albergue
mêvanxane
ROOMS
casa de cambio
ofîsa pere veguhartinê
EXCHANGE
maleta
cente
auto
maşîn

idioma

ziman

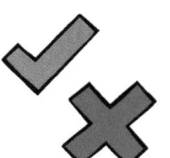

sí / no

belê / na

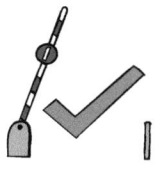

ok

baş

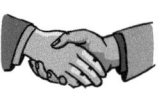

hola

silav

intérprete

wergêra nivîskî

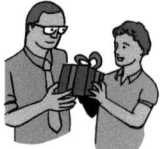

gracias

sipas

¿Cuánto cuesta…?

bihayê … çi qase?

No entiendo

ez fam nakim

problema

pirsgirêk

¡Buenas tardes!

êvarbaş!

¡Buenos días!

beyanî baş!

¡Buenas noches!

şev baş!

adiós

xatirê te

dirección

alî

equipaje

hûrmûr

bolso

çente

mochila

çente pişt

invitado

mêvan

cuarto

ode

saco de dormir

came xew

tienda de campaña

çadir

información al turista

agagiyên gerokan

playa

rexê avê

tarjeta de crédito

kartê qerzê

desayuno

taştê

almuerzo

firavîn

cena

şîv

pasaje

kart

ascensor

asansor

sello

pûl

límite

tixûb

aduana

gumirk

embajada

balyozxane

visa

vîza

pasaporte

pasaport

transporte
guhaztin

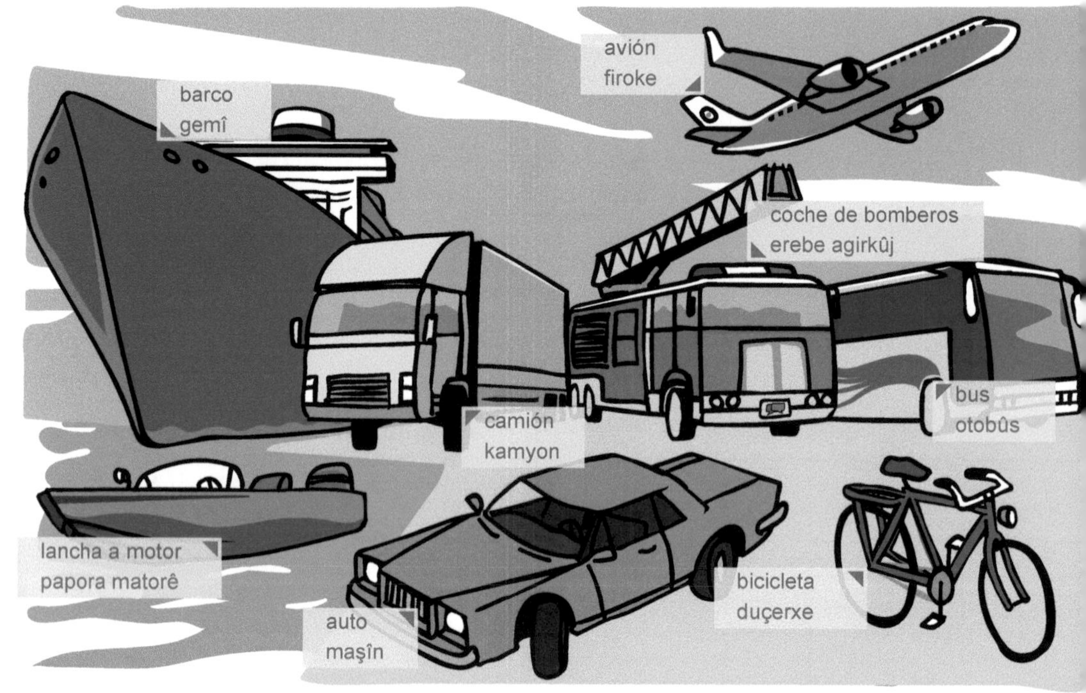

avión
firoke
barco
gemî
coche de bomberos
erebe agirkûj
bus
otobûs
camión
kamyon
lancha a motor
papora matorê
bicicleta
duçerxe
auto
maşîn

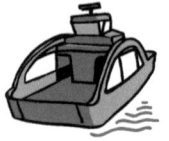

balsa

papor

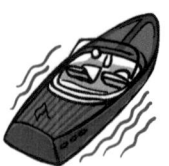

lancha

papor

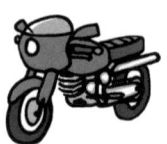

motocicleta

motorsîklêt

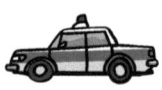

auto de policía

trimbêla polîsê

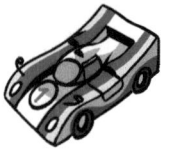

auto de carreras

trimbêla pêşbaziyê

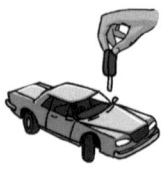

auto de alquiler

erebe kirêkirinê

alquiler de autos

maşîn pervekirin

grúa

kamyona kişandinê

vehículo recolector de basura

kamyona xwelî

motor

motorsîklêt

gasolina

mazot

gasolinera

îstegeha benzînê

señal de tráfico

tabloya tirafîkê

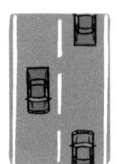

tránsito

hatinûçûn

atasco

tirafîk

estacionamiento

cihê parkê

estación de tren

rawesteka trênê

carril

rêç

tren

trên

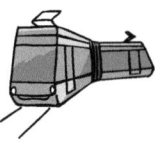

tranvía

trênê kolanê

vagón

erebe

helicóptero
babirok

aeropuerto
balafirgeh

torre
birc

pasajero
misafir

contenedor
qûtî

caja de cartón
qûtî

carro
girgirok

cesta
selik

despegar / aterrizar
rabûn / nîştin

ciudad
bajar

aldea
gund

centro de la ciudad
navenda bajarê

casa
xanî

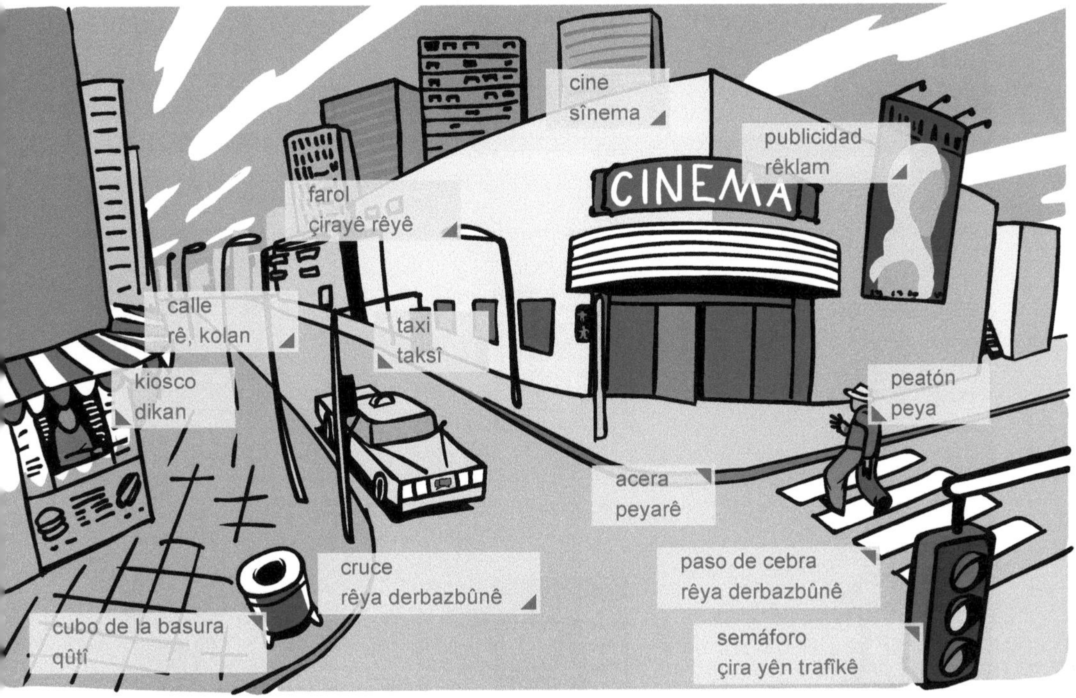

cine
sînema

publicidad
rêklam

farol
çirayê rêyê

CINEMA

calle
rê, kolan

taxi
taksî

peatón
peya

kiosco
dikan

acera
peyarê

cruce
rêya derbazbûnê

paso de cebra
rêya derbazbûnê

cubo de la basura
qûtî

semáforo
çira yên trafîkê

cabaña
....
kox

apartamento
....
xanî

estación de tren
....
rawesteka trênê

ayuntamiento
....
telara şarevanî

museo
....
mûzexane

escuela
....
dibistan

ciudad - bajar

11

universidad

zanîngeh

banco

bank

hospital

nexweşxane

hotel

mêvanxane

farmacia

dermanxane

oficina

ofîs

librería

kitêbfiroşî

negocio

dikan

florería

gulfiroş

supermercado

bazar

mercado

bazar

grandes almacenes

supermarket

pescadería

masîfiroş

centro comercial

navenda kirrîn

puerto

bender

parque

park

banco

sekû

puente

pir

escalera

derince

metro

jêr erdê

túnel

tunnel

parada de autobuses

îstgeha otobûs

bar

bar

restaurante

xwaringeh

buzón de correo

sindûqa postê

letrero

nîşanderka rêyê

parquímetro

metra parkîngê

zoológico

baxça heywanan

piscina

hewza melevanî

mezquita

mizgeft

granja
cotgeh

polución
lewitandina derdor

cementerio
goristan

iglesia
kenîse

parque infantil
erdê leyistinê

templo
perestgeh

paisaje
tebîet

hoja
gela

indicador de camino
nîşanderka rê

sendero
rê

pradera
mêrg

piedra
kevir

árbol
dar

caminante
gerok

río
çem

pasto
giya

flor
kulîlk

valle
dol

montaña
gir

lago
gol

bosque
daristan

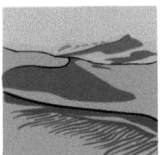

desierto
beyaban

volcán
volkan

castillo
keleh

arco iris
keskesor

seta
kivark

palmera
darqesp

mosquito
mixmixk

mosca
mêş

hormiga
mêrî

abeja
hing

araña
pîrê

escarabajo
kêzik

rana
beq

ardilla
sihor

erizo
jîjok

liebre
kerguh

lechuza
pepûk

pájaro
çivîk

cisne
qû

jabalí
berazê kovî

ciervo
pezkovî

alce
pezkovî

embalse
bendav

aerogenerador
tûrbîna ba

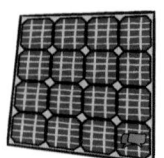

módulo solar
panela xorê

clima
av û hewa

restaurante

xwaringeh

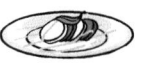

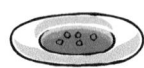

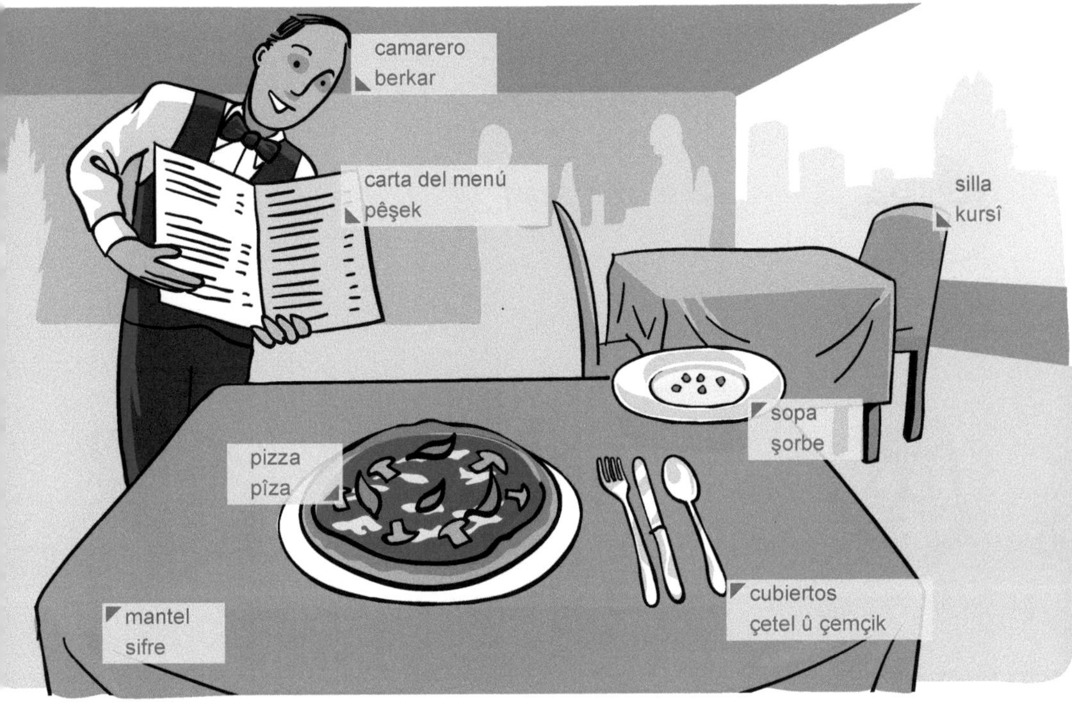

camarero
berkar
carta del menú
pêşek
silla
kursî
sopa
şorbe
pizza
pîza
cubiertos
çetel û çemçik
mantel
sifre

entrada
xwarina destpêk

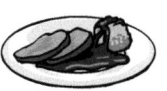

plato principal
xwarina serekî

postre
şêranî

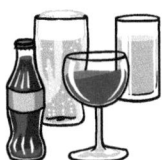

bebida
vexwarinan

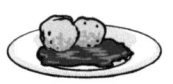

comida
xwarin

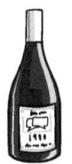

botella
cam

comida rápida

xwarina lez

comida callejera

xwarina rêyê

tetera

çaydanik

azucarera

qûtî şekirê

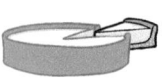

porción

beş

máquina de espresso

mekîna çêkirinê espresso

silla alta

kursiya bilînd

factura

hesab

bandeja

sênî

cuchillo

kêr

tenedor

çetel

cuchara

kevçî

cuchara de té

kevçiya çay

servilleta

pêşgir

vaso

qedeh

plato

teyfik

plato de sopa

teyfika şorbe

platillo

piyale

salsa

çênc

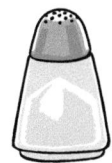

salero

xwêdank

molinillo para pimienta

qûtî bîbar

vinagre

sêk

aceite

rûn

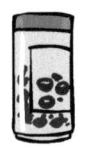 

especias

biharat

ketchup

ketçap

mostaza

mustard

mayonesa

mayonêz

supermercado
bazar

oferta
pêşkêşên taybet
FOR
cliente
mişterî
productos lácteos
şiremenî
fruta
fêkî
carrito de compras
erebe

BUTCHERS

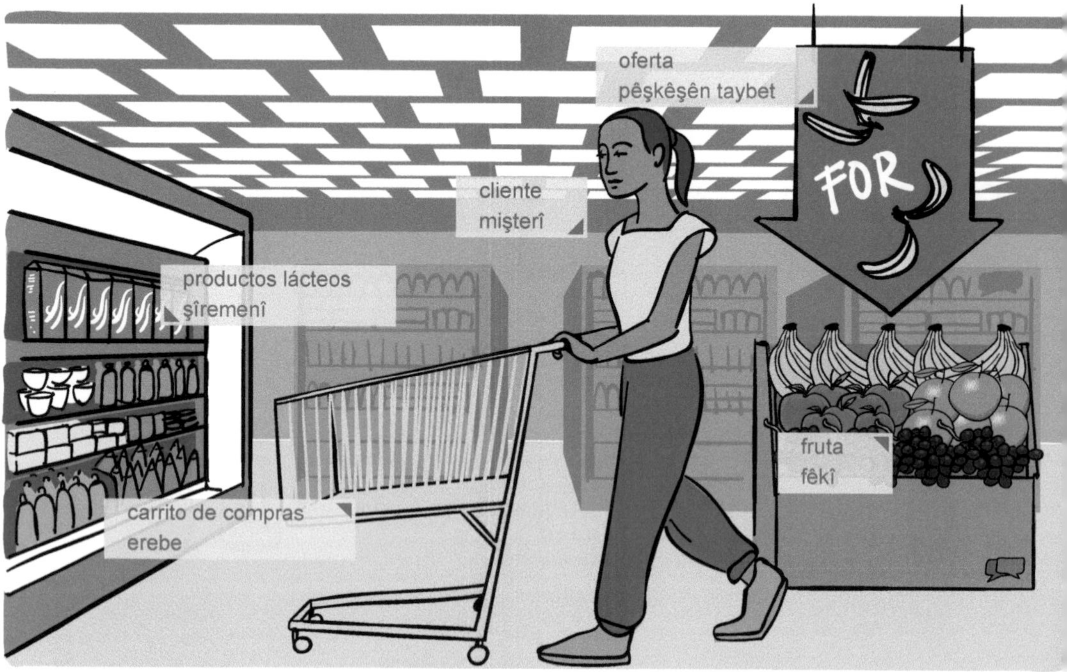

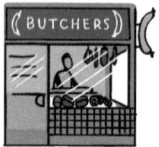

carnicería

qesabî

BAKERY

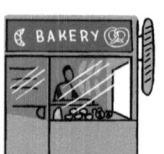

panadería

dikana nanpêj

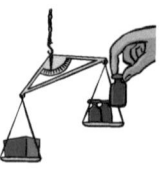

pesar

wezin kirin

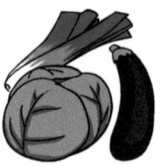

verdura

sebze

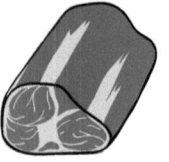

carne

goşt

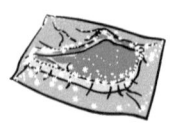

alimentos congelados

xwarinê cemedî

fiambre

goştê sar

conservas

xwarina pîlê

detergente en polvo

xubarê paqijkirinê

dulces

şirînî

artículos domésticos

berhemên navxweyî

productos de limpieza

berhemên paqijkirinê

vendedora

firoşyar

caja

xeznok

cajero

diravgir

lista de compras

lîsta kirrînê

horario de atención

demên vekirî

cartera

cizdan

tarjeta de crédito

kartê qerzê

maleta

çewal

bolsa plástica

çente

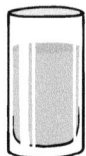

agua

av

jugo

şerbet

leche

şîr

refresco de cola

komir

vino

şerab

cerveza

bîra

alcohol

alkol

cacao

kakwo

té

çay

café

qehwe

espresso

espresso

cappuccino

kapoçîno

banana

moz

manzana

sêv

naranja

pirteqalî

sandía

gundor

limón

lîmon

zanahoria

gêzer

ajo

sîr

bambú

qamir

cebolla

pîvaz

seta

qarçik

nueces

gewîz

fideos

şihîre

espagueti

spagêttî

arroz

birinc

ensalada

selete

patatas fritas

çîps

patatas salteadas

peteteya biraştî

pizza

pîza

hamburguesa

hamburger

sándwich

nanok

escalope

goştê stûyê berxî

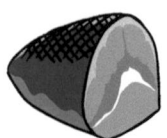

jamón

goştê hişkkirî

salame

salamê

embutido

sosîs

pollo

mirîşk

asado

bijartin

pescado

masî

copos de avena

şorbe bilûl

musli

mûslî

copos de maíz tostado

kertên gilgilan

harina

ard

croissant

croissant

panecillo

semûn

pan

nan

tostada

tost

galletas

nanik

mantequilla

nivîşk

cuajada

mast

pastel

kulîçe

huevo

hêk

huevo frito

hêka qelandî

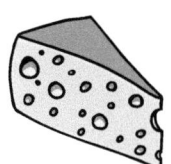

queso

penîr

helado
dondirme

azúcar
şekir

miel
hingiv

mermelada
mireba

praliné
xameya nougat

curry
kurrî

granja
cotgeh

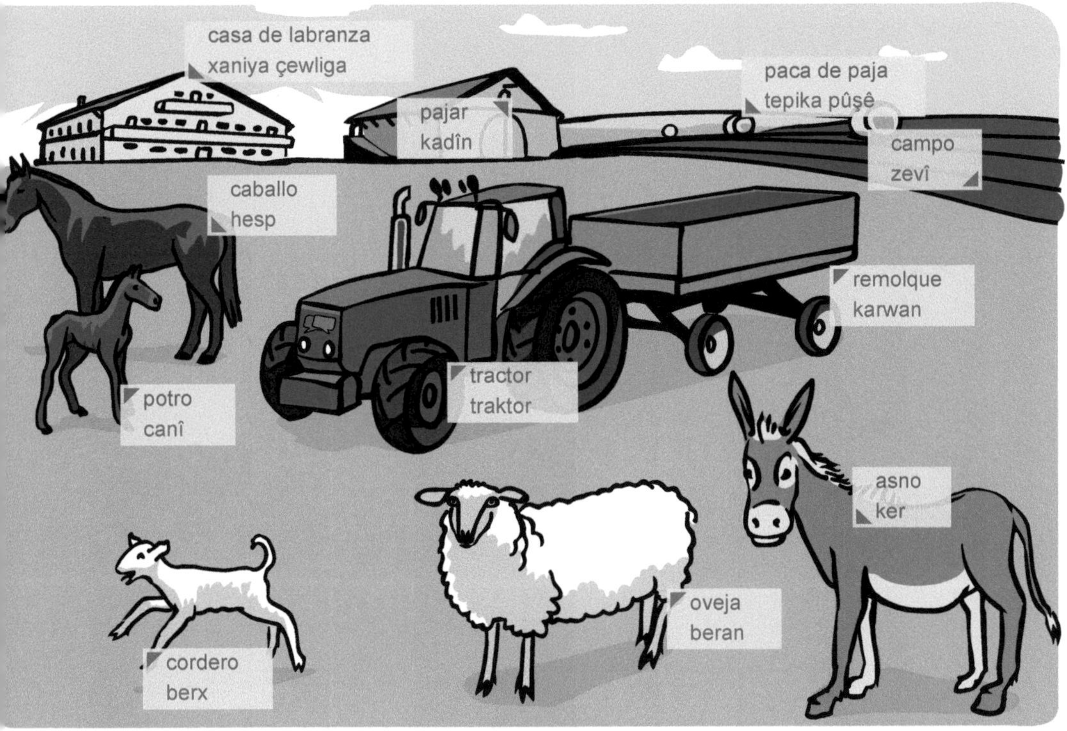

casa de labranza
xaniya çewliga
pajar
kadîn
paca de paja
tepika pûşê
campo
zevî
caballo
hesp
remolque
karwan
tractor
traktor
potro
canî
asno
ker
oveja
beran
cordero
berx

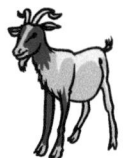

cabra

bizin

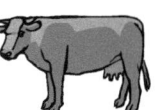

vaca

çêlek

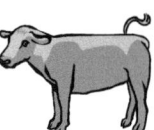

ternero

golik

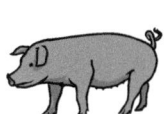

cerdo

beraz

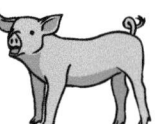

lechón

xinzîrk

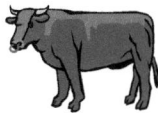

toro

boxe

ganso

qaz

pato

miravî

polluelo

cûçik

pollo

mirîşk

gallo

keleşêr

rata

circ

gato

kitik

ratón

mişk

buey

ga

perro

kûçik

caseta del perro

xaniya kûçikê

manguera de riego

xanî baxê

regadera

qûtîka avdanê

guadaña

şalûk

arado

gasin

hoz

das

azada

merbêr

bieldo

darsapik

hacha

bivir

carretilla

destgere

abrevadero

qûtî xwarina candaran

lechera

qûtî şîr

saco

tûr

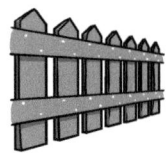

cerca

çeper

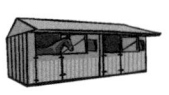

establo

axur

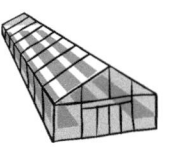

invernadero

xana kulîlkan

suelo

ax

semilla

dendik

fertilizante

peyn

cosechadora

kombayn

cosechar

zad

cosecha

zad

raíz de ñame

petete

trigo

genim

soja

fasolî

patata

petete

maíz

dexl

colza

dindik

Árbol frutal

darê fêkî

mandioca

sêvê bin erdê

cereales

zad

casa
xanî

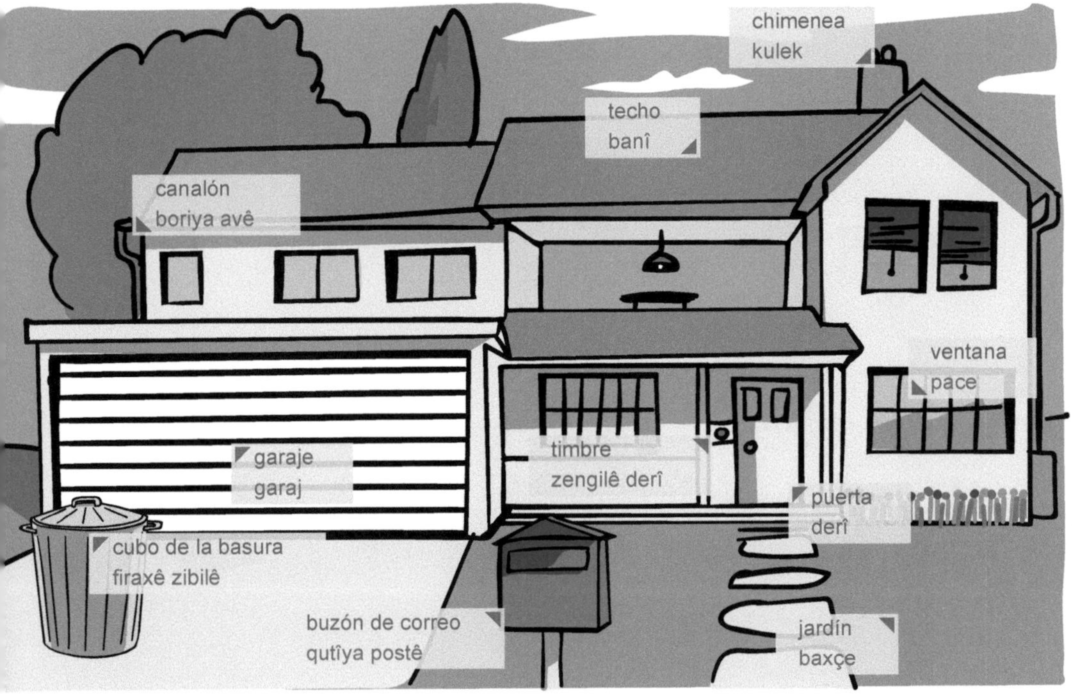
chimenea
kulek
techo
banî
canalón
boriya avê
ventana
pace
garaje
garaj
timbre
zengilê derî
puerta
derî
cubo de la basura
firaxê zibilê
buzón de correo
qutîya postê
jardín
baxçe

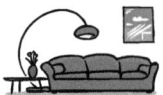

cuarto de estar

oda rûniştinê

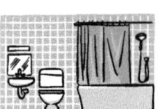

cuarto de baño

hemam

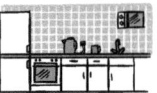

cocina

metbex

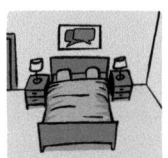

dormitorio

oda xewê

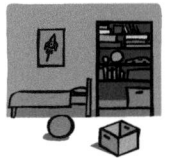

cuarto de los niños

odeya zarok

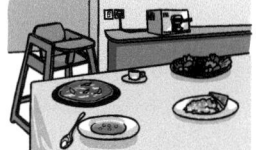

comedor

oda şîvê

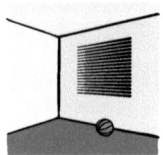

piso

binî

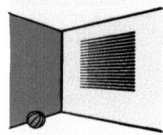

pared

dîwar

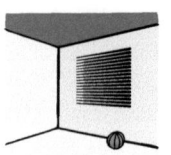

cielorraso

berban

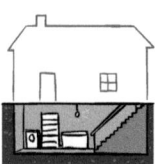

sótano

xenzik

sauna

sauna

balcón

balkon

terraza

berdanik

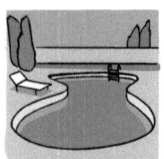

piscina

hewza melevanî

cortacésped

çîmen birr

funda nórdica

melhefe

edredón

betanî

cama

nivîn

escoba

gezik

cubo

satil

interruptor

kilîl

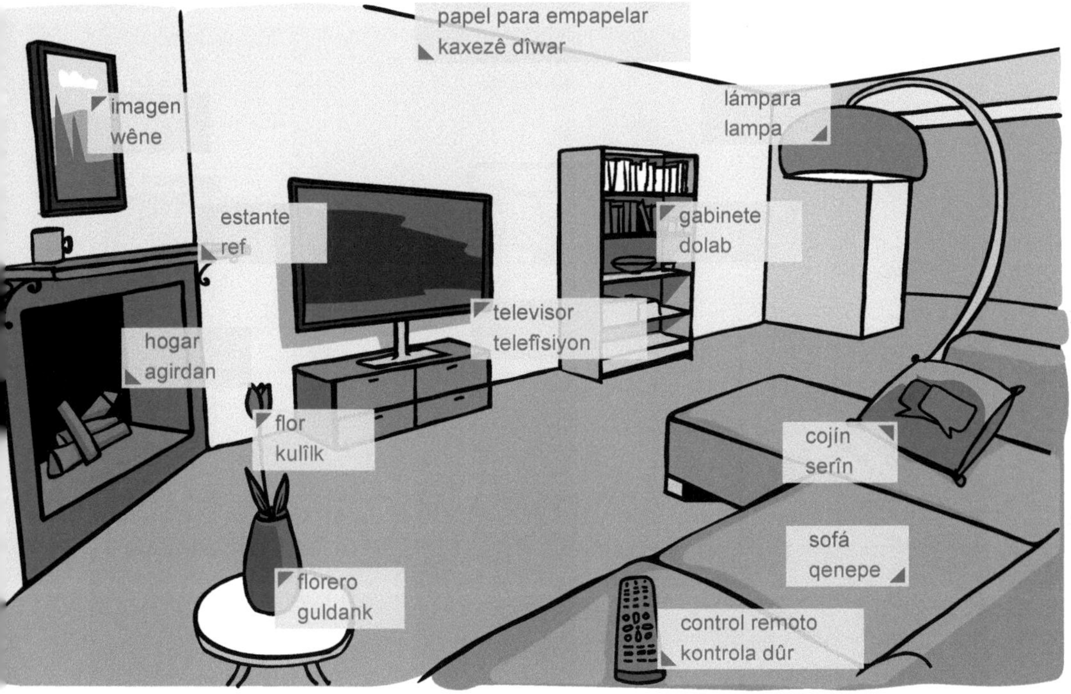

papel para empapelar
kaxezê dîwar

imagen
wêne

lámpara
lampa

estante
ref

gabinete
dolab

televisor
telefîsiyon

hogar
agirdan

flor
kulîlk

cojín
serîn

sofá
qenepe

florero
guldank

control remoto
kontrola dûr

alfombra
xalîçe

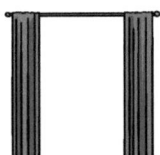

cortina
perde

mesa
mêz

silla
kursî

mecedora
kursiya hejanok

sillón
kursî

libro
pirtûk

frazada
betanî

decoración
xemilandin

leña
êzing

film
fîlm

equipo estereofónico
hi-fi

llave
kilîl

periódico
rojname

cuadro
nîgar

póster
poster

radio
radyo

bloc de notas
defter

aspiradora
sivnika elektrîkî

cactus
kaktûs

vela
mom

cocina
metbex

nevera
sarinc
horno microondas
maykroveyv
balanza de cocina
teraziya metbexê
tostador
amûra nan germkirinê
detergente
pagijker
horno
sobe
congelador
sarker
cubo de la basura
firaxê zibilê
lavaplatos
firaqşok

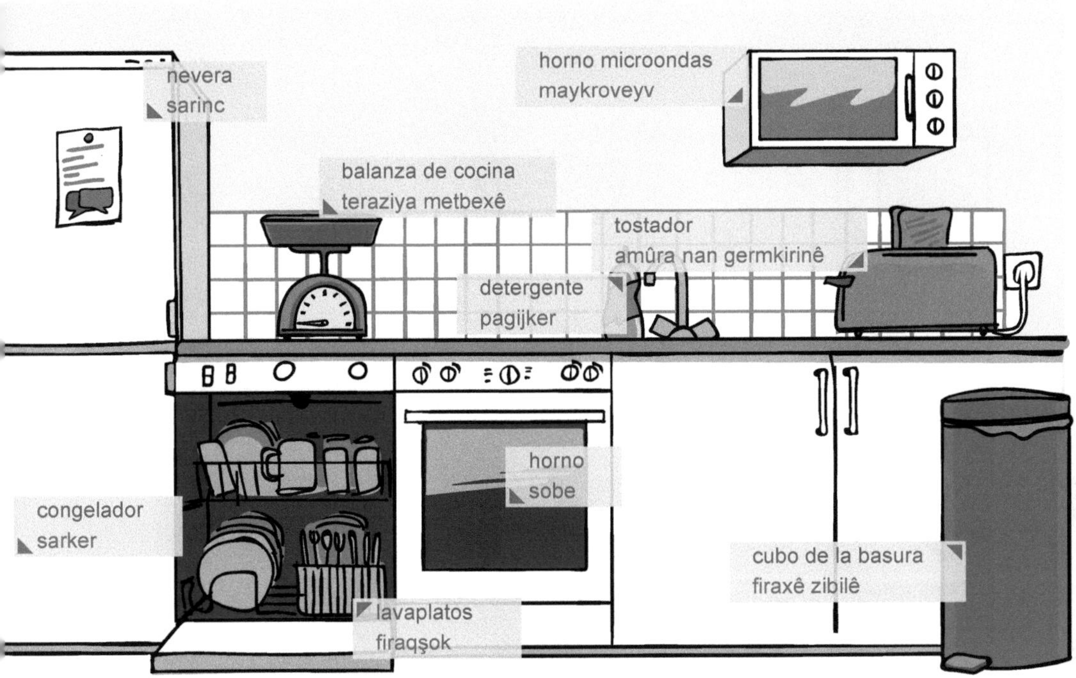

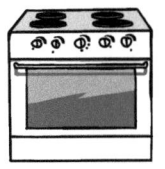

cocina

sobe

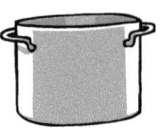

olla

aman

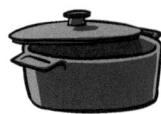

olla de fundición de hierro

amaê ûtû

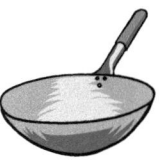

wok / kadai

firaqê mezin

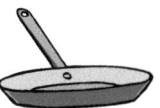

sartén

dîzik

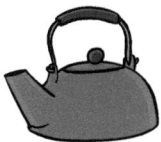

hervidor de agua

kelînk

olla de vapor

firaqê hilmê

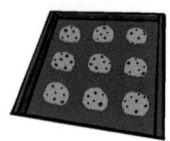

bandeja de horno

sênî nanê

vajilla

firaq

vaso

piyale

bol

kasik

palillos para comer

darê nanxwarin

cucharón de sopa

hesk

espátula

kevçiya mezin

batidor

rînek

colador

kefgîr

cedazo

bêjing

rallador

rêşker

mortero

destar

parrillada

biraştin

fogata

agirê vala

tabla de picar

texteya birrînê

rodillo

darikê tîrê

sacacorchos

devik badek

lata

qûtî

abrelatas

qûtîvekir

agarrador

cawê amanan

fregadero

destşo

cepillo

firçe

esponja

parazoa

batidora

tevdêr

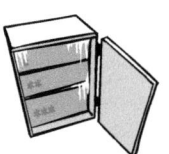

arcón congelador

sarkerê cemedî

biberón

şûşe bebikan

grifo

henefî

cuarto de baño
hemam

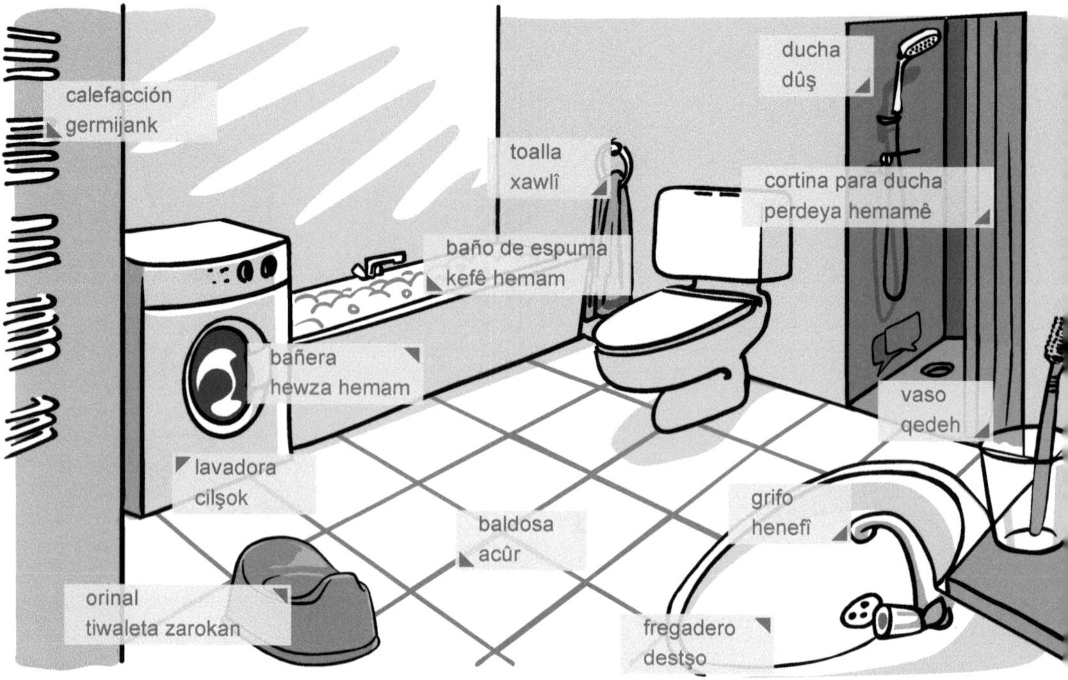
ducha
dûş
calefacción
germijank
toalla
xawlî
cortina para ducha
perdeya hemamê
baño de espuma
kefê hemam
bañera
hewza hemam
vaso
qedeh
lavadora
cilşok
grifo
henefî
baldosa
acûr
orinal
tiwaleta zarokan
fregadero
destşo

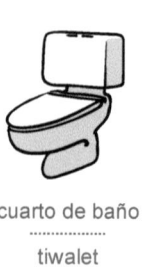

cuarto de baño

tiwalet

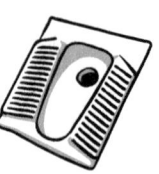

placa turca

tiwaleta erdê

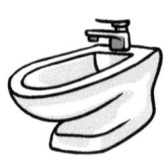

bidé

tiwalet

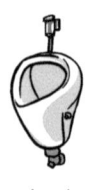

urinario

avdestxana mêran

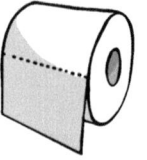

papel higiénico

kaxeza tiwalet

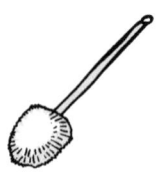

escobilla para el cuarto de baño

firşeya tiwalet

cepillo de dientes

firçeya diran

pasta dentífrica

mecûna diran

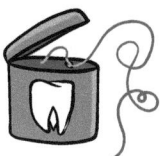

seda dental

nexa didan

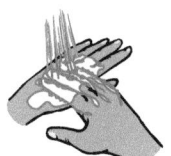

lavar

şûştin

ducha teléfono

dûşê destê

ducha higiénica

dûş

cuenco

destşo

cepillo para la espalda

firça pişt

jabón

sabûn

gel de ducha

cêlê hemam

champú

şampo

manopla para baño

fanîle

desagüe

zêrab

crema

kirêm

desodorante

bêhn xweşkir

espejo

mirêk

espejo de maquillaje

mirêka destê

máquina de afeitar

gûzan

espuma de afeitar

kefê teraşînê

loción para después del afeitado

mecûna piştî teraşînê

peine

şeh

cepillo

firçe

secador para cabello

por hîşikkir

laca de peinado

sipraya porê

maquillaje

kozmetîk

lápiz labial

soravk

laca para uñas

rengê nînok

algodón

pembû

tijera para uñas

meqesta nînok

perfume

parfûm

neceser

çewalê hemamê

taburete

kursiya bêpişt

balanza

terazî

bata de baño

kinca hemamê

guantes de goma

lepika lastîkê

tampón

tampon

compresa

xawliya paqijkirinê

wáter químico

tiwaleta kîmîyewî

cuarto de los niños

odeya zarok

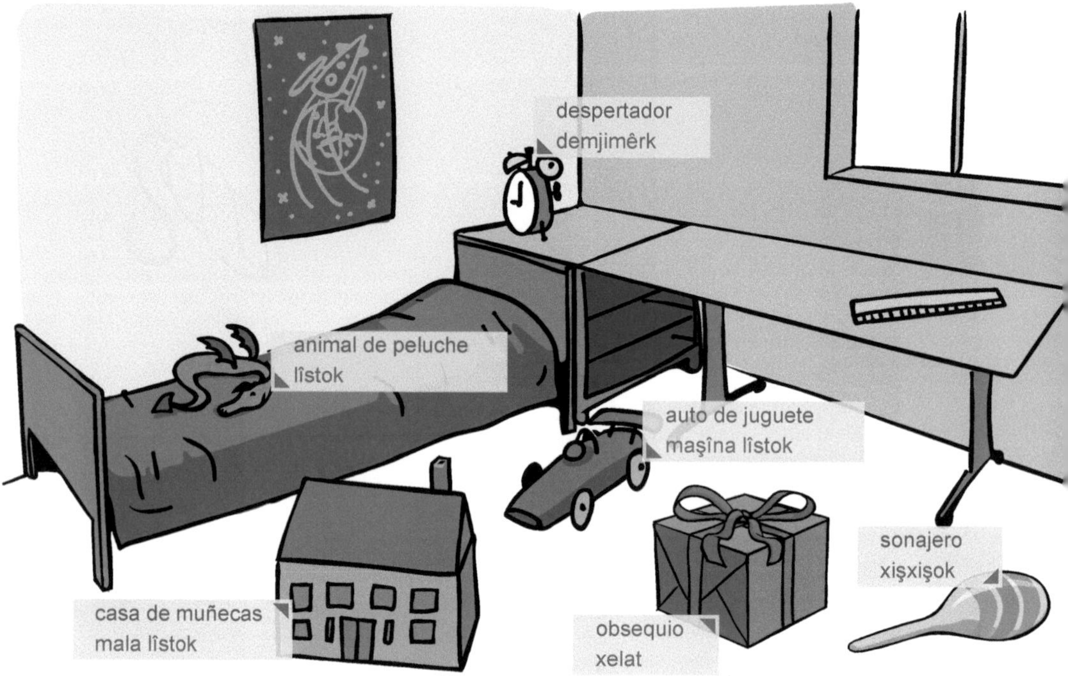

despertador
demjimêrk
animal de peluche
lîstok
auto de juguete
maşîna lîstok
sonajero
xişxişok
casa de muñecas
mala lîstok
obsequio
xelat

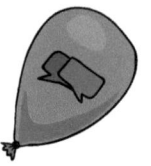

globo

pifdank

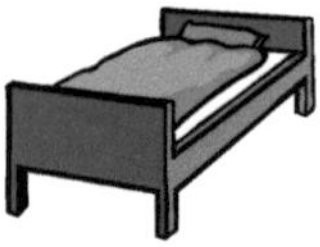

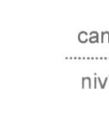

cama

nivîn

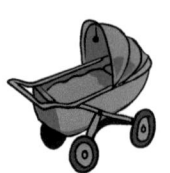

cochecito para niños

koçk

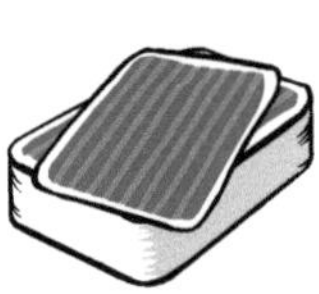

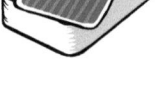

juego de barajas

lîstika kartê

rompecabezas

frîzbî

SUPER
MEGA

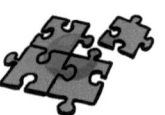

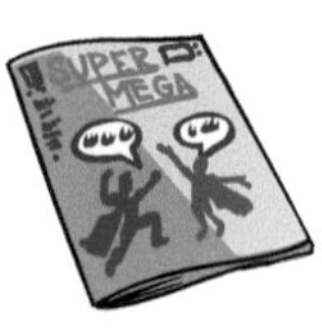

cómic

komîk

piezas de Lego

acûra lêgo

bloques para jugar

acûra lîstok

figura de acción

bûke şûşe

pijama de una pieza

kinca bebikan

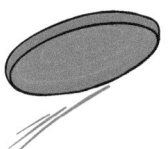

frisbee

frizbee

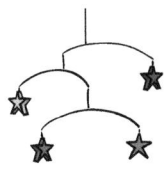

móvil

veguhestin

juego de mesa

lîstikên texte

dado

mor

tren eléctrico a escala

modêla trênê

chupete

memik

fiesta

cejn

libro de dibujos

kitêba wêne

pelota

top

títere

bûke şûşe

jugar

leyîstin

arenero

kuna xîzê

columpio

colane

juguetes

lîstokan

consola de videojuego

lîstika vîdeoyî

triciclo

sêçerxe

osito de peluche

hirça lîstok

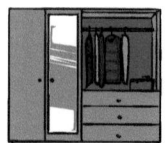

guardarropa

cildank

vestimenta

kinc

calcetines

gore

medias

gore

panti

derpêgorê

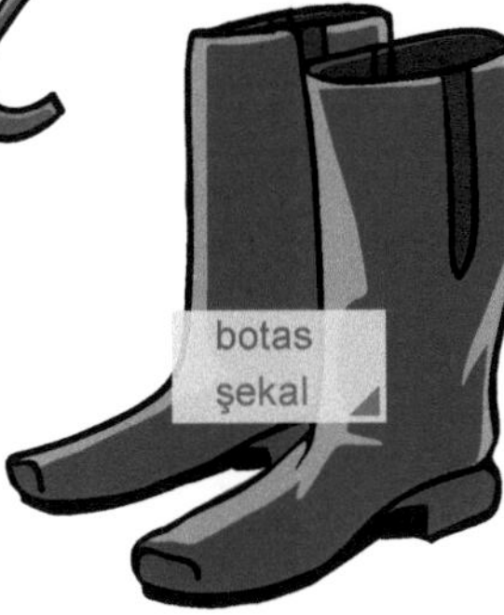

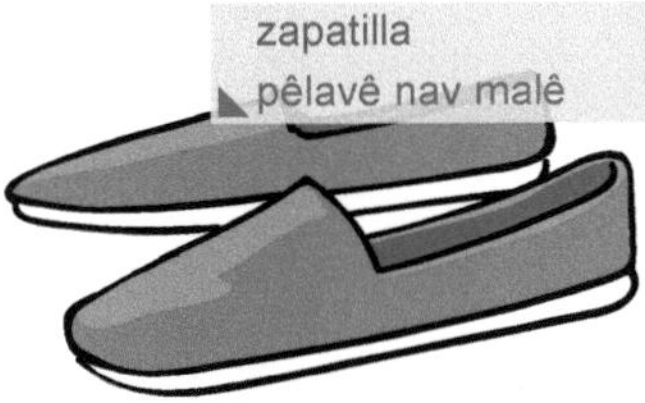

chal
şal

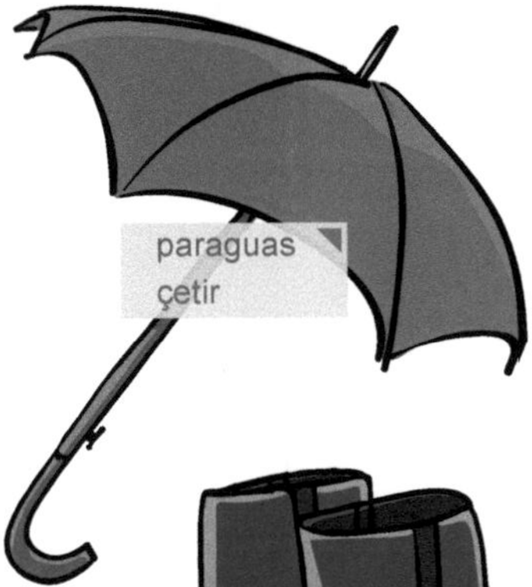

paraguas
çetir

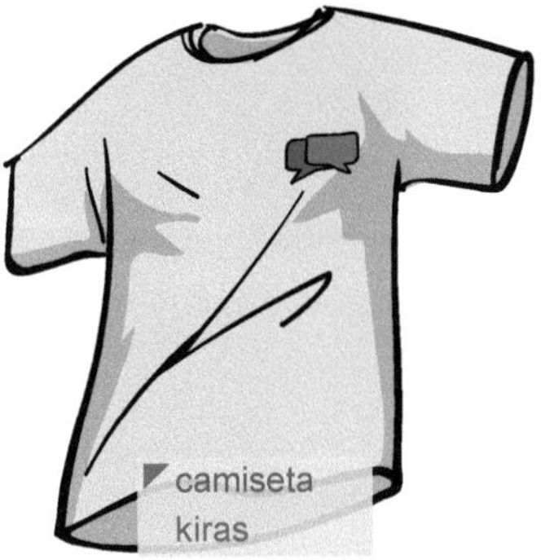

cinturón
qayiş

camiseta
kiras

botas
şekal

zapatilla
pêlavê nav malê

deportivas
pêlav

sandalias

solik

zapatos

sol

botas de goma

potîna çermê

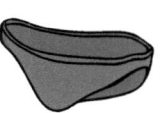

ropa interior

pantolê jêr

corpiño

pêsîrbend

camiseta

çekbend

body
cendek

pantalón
pantol

jeans
jeans

falda
daman

blusa
kiras

camisa
kiras

pullover
fanêle

sweater
fanêle

blazer
cakêt

chaqueta
sako

abrigo
çaket

impermeable
baranî

traje chaqueta
lebas

vestido
fîstan

vestido de bodas
cilê dawetê

traje
kostum

camisón
pêcame

pijama
pêcame

sari
saree

pañuelo de cabeza
leçik

turbante
mêzer

burka
hêram

caftán
kaftan

abaya
eba

traje de baño
kinca ajnêkirin

bañador
cilka melevanî

shorts
şort

chándal
cila hêvojkarî

delantal
pêşmal

guante
lepik

botón

dûgme

gafa

berçavik

brazalete

bazin

cadena

gerdenî

anillo

gustîl

aro

guhark

gorra

devik

percha

hilavistek

sombrero

kûm

corbata

kirawat

cierre a cremallera

zîp

casco

serparêz

tiradores

derzî

uniforme escolar

kinca dibistanê

uniforme

yûnîform

babero
berdilk

chupete
memik

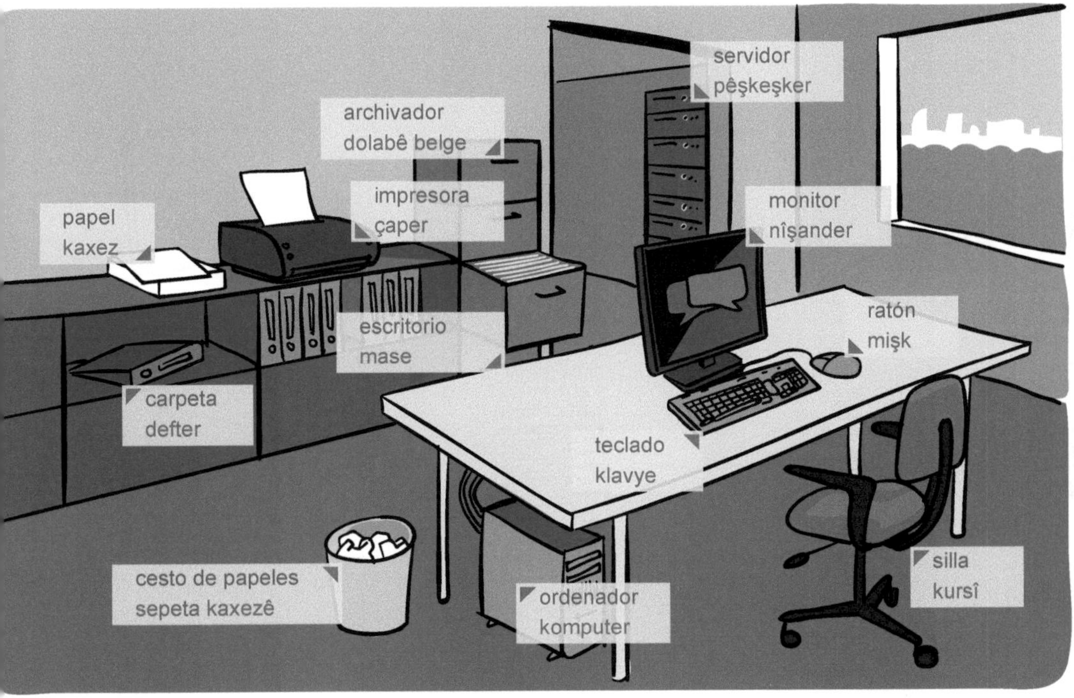

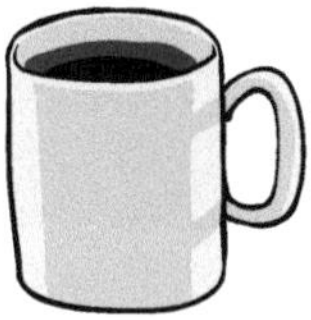

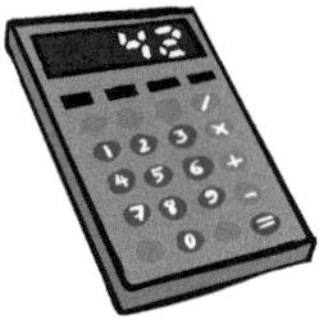

pañal
pundax

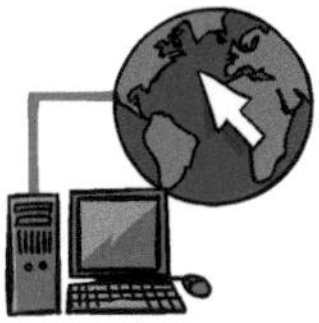

x

laptop

komputera laptop

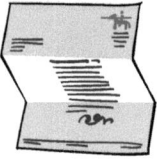

carta

name

mensaje

peyam

teléfono móvil

telefona mobîl

red

tor

fotocopiadora

mekîna fotokopî

software

software

teléfono

telefon

tomacorriente

socketa fîşek

máquina de fax

mekîna faxê

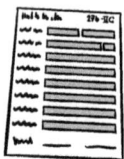

formulario

form

documento

belge

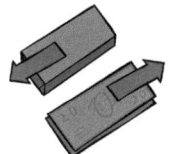

comprar

standin

pagar

pere dan

comerciar

bazirganî

dinero

pere

dólar

dollar

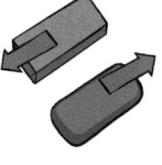

euro

yoro

yen

yenê Japonê

rublo

roblê Rûsî

franco

firankê Swîsê

renminbi

yuanê Çînê

rupia

rûpee Hindî

cajero automático

mekîna jixwebera dirav

casa de cambio

ofîsa pere veguhartinê

oro

zêrr

plata

zîv

petróleo

neft

energía

wize

precio

biha

contrato

peyman

impuesto

tax

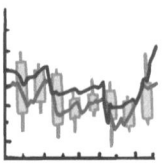

acción

seham

trabajar

karkirin

empleado

karker

empleador

karda

fábrica

fabrîka

negocio

dikan

ocupaciones
profesyon

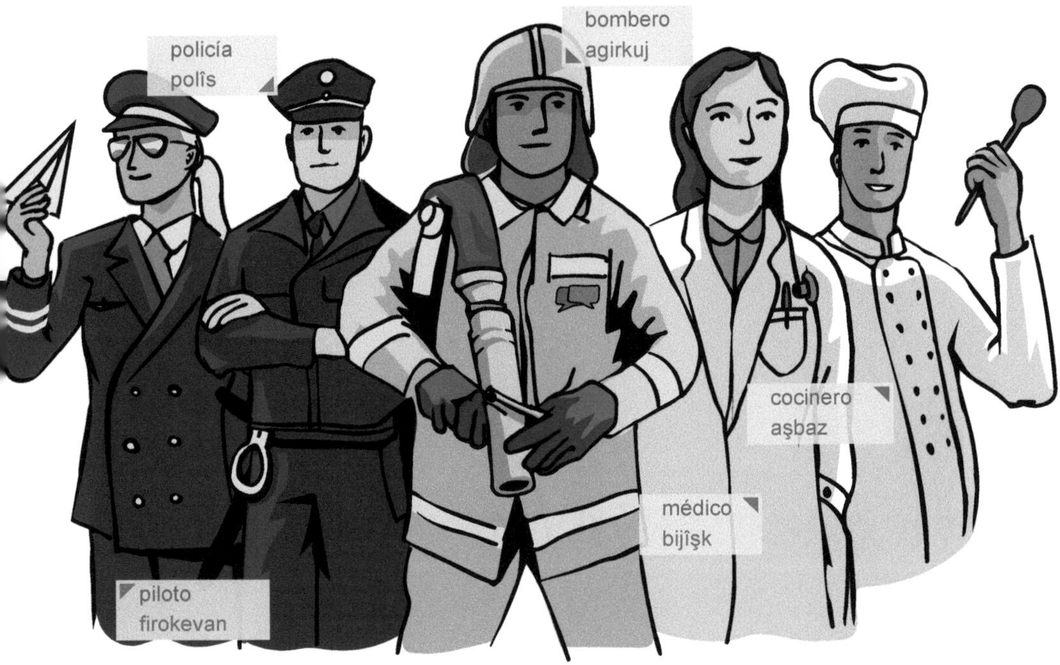
bombero
agirkuj
policía
polîs
cocinero
aşbaz
médico
bijîşk
piloto
firokevan

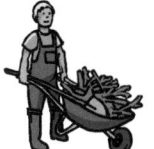

jardinero
baxçevan

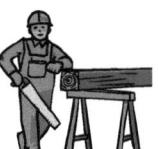

carpintero
necar

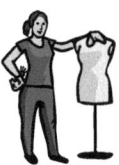

costurera
dirûnvan

juez
hakim

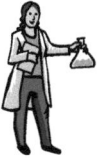

químico
şîmyazan

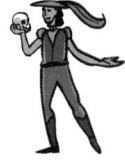

actor
şanoger

conductor de autobús

şufêrê basê

taxista

şufêrekî taksiyê

pescador

masîvan

mujer de la limpieza

pagijker

techista

çêkirê banî

camarero

berkar

cazador

nêçirvan

pintor

rengrês

panadero

nanpêj

electricista

karebavan

albañil

avaker

ingeniero

endezyar

carnicero

qesab

fontanero

lûlekar

cartero

postevan

soldado

esker

arquitecto

mîmar

cajero

diravgir

florista

firotkara çîçekan

peluquero

porçêker

cobrador

ajovan

mecánico

mekanîk

capitán

keştîvan

odontólogo

pizîşka didanan

científico

zanistyar

rabino

rûhan

imam

îmam

monje

keşe

párroco

keşîş

herramientas
amûran

martillo
çekûç
tenazas
mûçîng
destornillador
cerbader
llave de tuercas
açer
lámpara de mes
dara çira

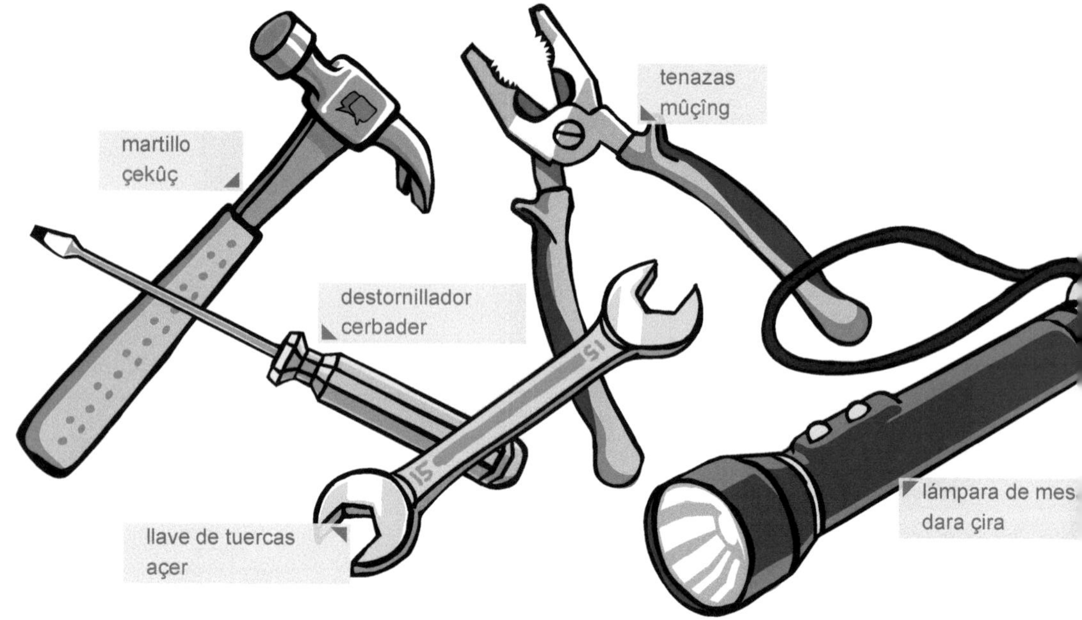

excavadora

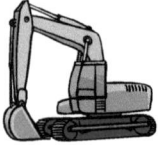

şofel

caja de herramientas

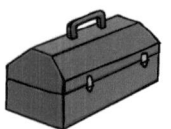

qûtiya amûran

escalerilla

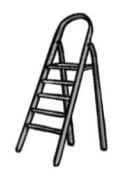

peyje

serrucho

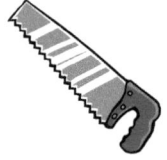

mişar

clavos

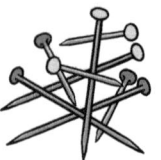

mîx

taladro

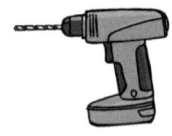

qulkirin

reparar

çêkirin

pala

merbêr

¡Maldición!

nalet!

recogedor

bêl

lata de pintura

qûtiya rengê

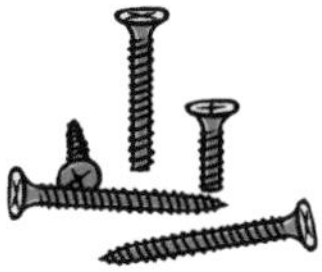

tornillos

cerr

instrumentos musicales
amûrên mûzîkê

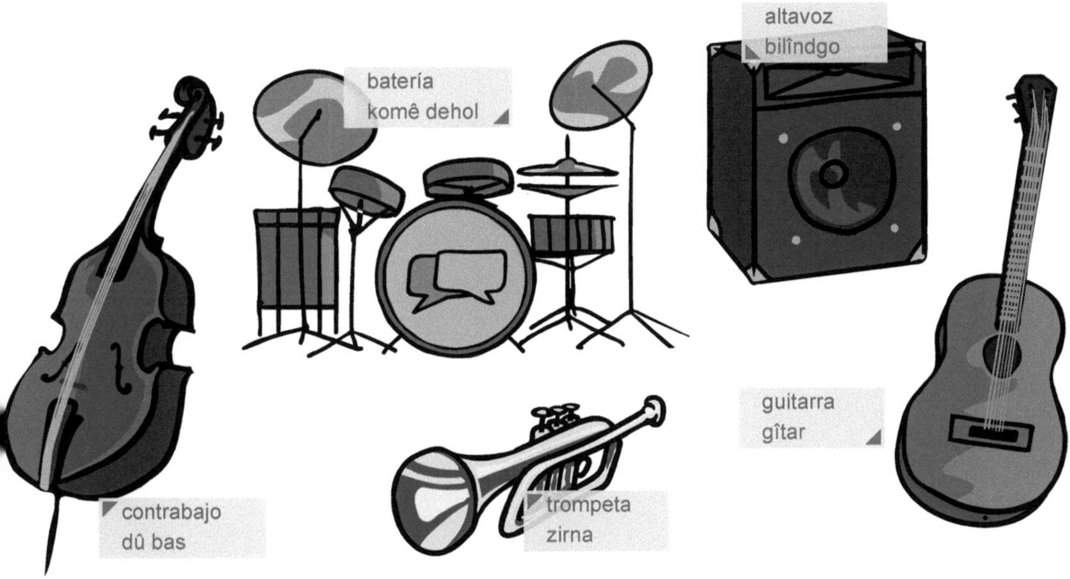

altavoz
bilîndgo

batería
komê dehol

guitarra
gîtar

contrabajo
dû bas

trompeta
zirna

piano
....
piyano

violín
....
viyolîn

bajo
....
bas

timbales
....
dehol

tambor
....
dahol

teclado
....
keyboard

saxofón
....
saksofon

flauta
....
bilûr

micrófono
....
mîkrofon

zoológico
baxça heywanan

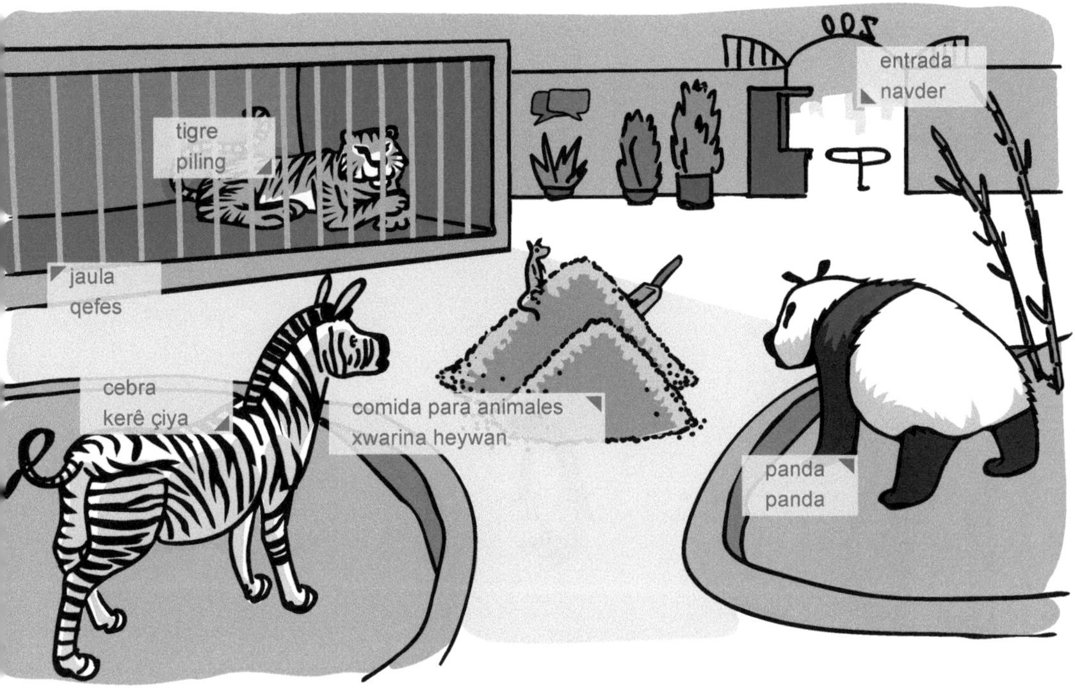
zoo
entrada
navder
tigre
piling
jaula
qefes
cebra
kerê çiya
comida para animales
xwarina heywan
panda
panda

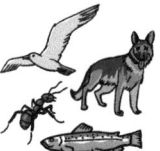

animales

heywan

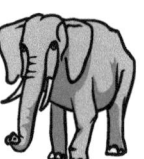

elefante

fîl

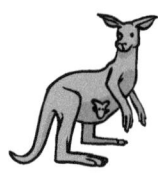

canguro

kangarû

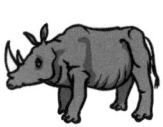

rinoceronte

kerkeden

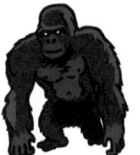

gorila

gorîl

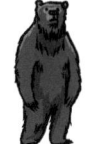

oso

hirç

camello

hêştir

avestruz

hêştirme

león

şêr

mono

meymûn

flamengo

flamîngo

papagayo

papaxan

oso polar

hirça cemserî

pingüino

penguîn

tiburón

semasî

pavo real

tawûs

serpiente

mar

cocodrilo

timsah

cuidador del zoológico

parêzera baxça ajalan

foca

seya derya

jaguar

piling

zoológico - baxça heywanan

pony

hesp

leopardo

piling

hipopótamo

hespê rûbar

jirafa

canhêştir

águila

helo

jabalí

berazê kovî

pescado

masî

tortuga

kûsî

morsa

walras

zorro

rovî

gacela

xezal

fútbol americano
fûtbolê Amerîka

ciclismo
bisiklêtan

tenis
tenîs

baloncesto
baskêtbol

natación
avjenîkirin

boxeo
boxing

hockey sobre hielo
hokeya ser cemedê

fútbol
fûtbol

badminton
badminton

atletismo
yê atletîzmê

balonmano
hendbol

esquí
befirajotin

polo
polo

reír
kenîn

saltar
hilpeke

abrazar
hembêz

caminar
birêveçûn

cantar
lawje gutin

soñar
xewn dîtin

rezar
nimêj kirin

besar
maçkirin

escribir
nivîsandin

dibujar
nîgar kêşan

mostrar
nîşan dan

presionar
paldan

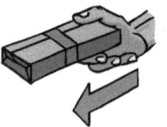

dar
dayîn

tomar
rakirin

tener
heyîn

hacer
kirin

ser
bûn

estar de pie
sekinîn

correr
bazdan

tirar
kişandin

arrojar
avêtin

caer
ketin

estar acostado
derew kirin

esperar
sekinîn

llevar
guhêztin

estar sentado
rûniştin

vestirse
cil berkirin

dormir
razan

despertar
rabûn

mirar

mêze kirin

llorar

girîn

acariciar

celte

peinarse

şe kirin

conversar

peyvîn

entender

famkirin

preguntar

pirskirin

oír

bihîstin

beber

vexwarin

comer

xwarin

asear

kom kirin

amar

hezkirin

cocinar

xwarin çêkirin

conducir

ajotin

volar

firrîn

navegar

kesştîvanî

calcular

hesibandin

leer

xwandin

aprender

hînbûn

trabajar

karkirin

casarse

zewicîn

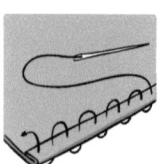

coser

dirûtin

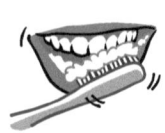

limpiarse los dientes

didan şûtin

matar

kuştin

fumar

dûxan

enviar

şandin

abuela
dapîr

abuelo
bapîr

padre
bav

madre
dê

bebé
bebek

hija
keç

hijo
kur

invitado

mêvan

tía

met

tío

ap/xal

hermano

bira

hermana

xwişl

cuerpo
beden

frente
enî
ojo
çav
hombro
mil
dedo
tilî
cara
rû
barbilla
zenî
mano
dest
pecho
sîng
pierna
ling
brazo
pîl

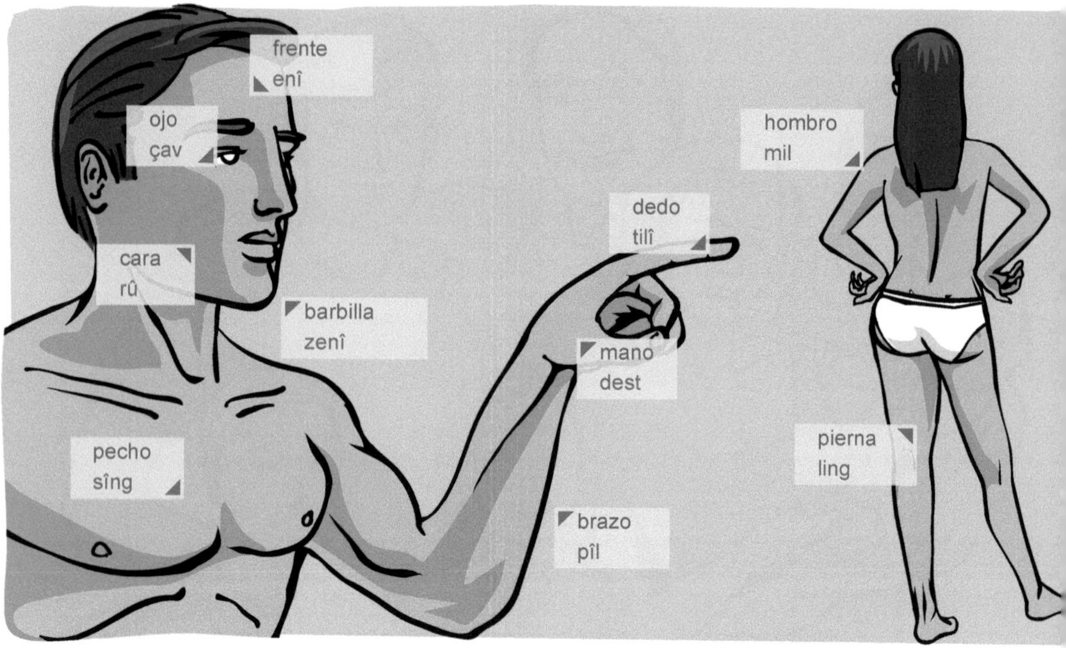

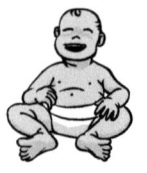

bebé

bebek

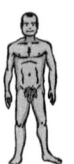

hombre

mêr

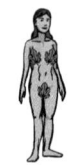

mujer

jin

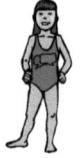

muchacha

keç

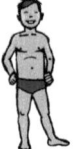

joven

kor

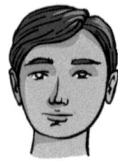

cabeza

ser

espalda
pişt

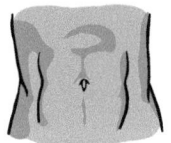

vientre
zik

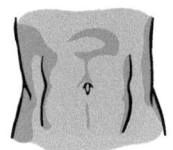

ombligo
navik

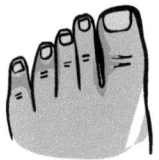

dedo del pie
tilîya pê

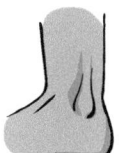

talón
panî

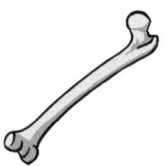

hueso
hestî

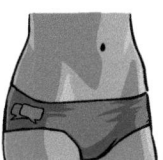

cadera
kûlîmek

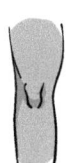

rodilla
jûnî

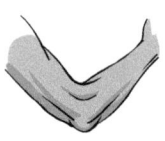

codo
enîşk

nariz
difn

trasero
qûn

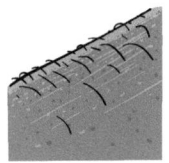

piel
çerm

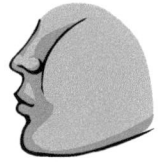

mejilla
rû

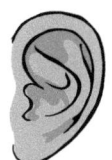

oreja
gûh

labio
lêv

boca

dev

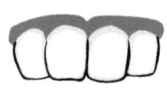

diente

diran

lengua

ziman

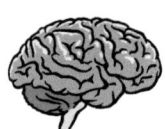

cerebro

mêjî

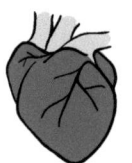

corazón

dil

músculo

masûl

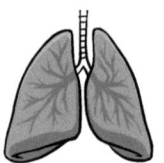

pulmón

cîgera spî

hígado

ceger

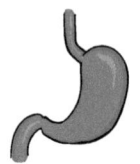

estómago

made

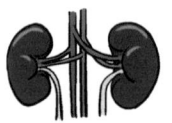

riñones

gûrçikan

relación sexual

cotbûn

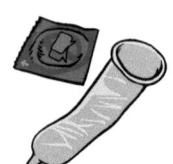

condón

kondom

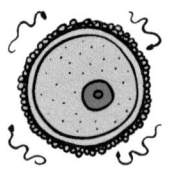

Óvulo

hêk

esperma

tov

embarazo

dûcanî

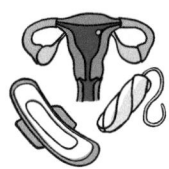

menstruación
....
ade

vagina
....
qûz

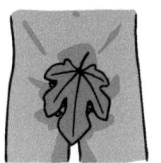

pene
....
kîr

ceja
....
birû

cabello
....
por

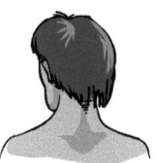

cuello
....
hûstû

hospital
nexweşxane

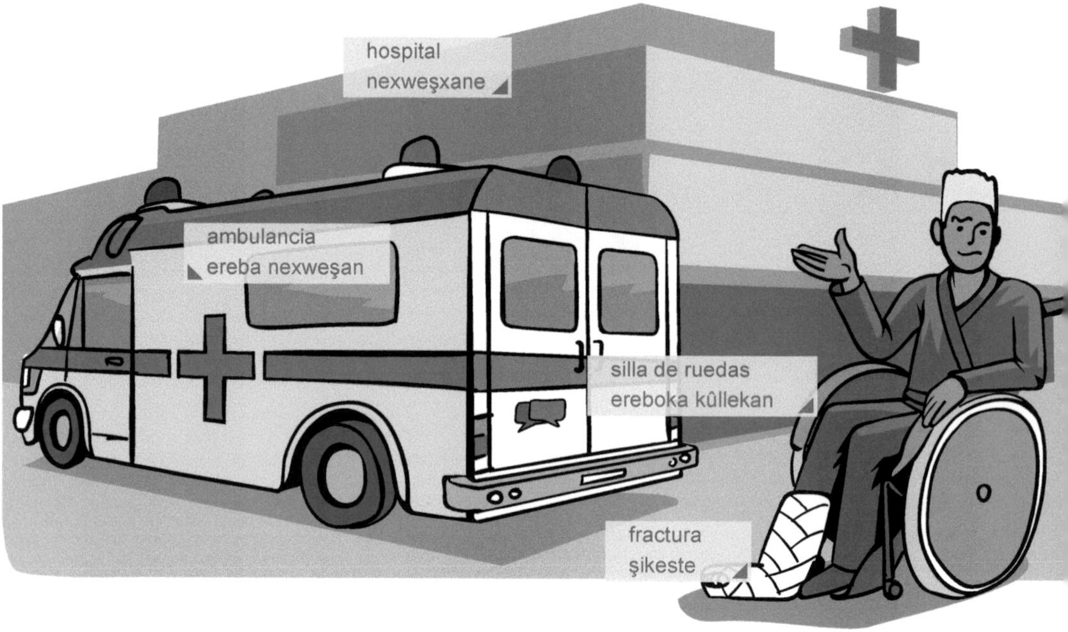

hospital
nexweşxane
ambulancia
ereba nexweşan
silla de ruedas
ereboka kûllekan
fractura
şikeste

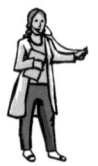

médico

bijîşk

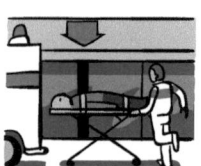

admisión de urgencia

oda lezgînê

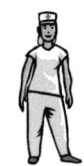

enfermera

nexweşyar

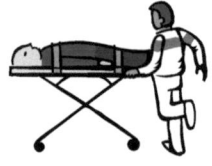

emergencia

acîlîyet

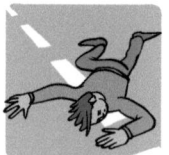

inconsciente

bêhay

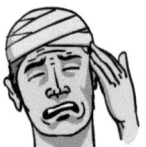

dolor

êş

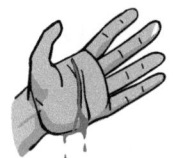

lesión
....
birîn

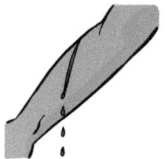

hemorragia
....
xwînpijan

infarto de miocardio
....
hêrişa dilî

apoplejía cerebral
....
celte

alergia
....
alerjî

tos
....
kuxik

fiebre
....
ta

gripe
....
zikam

diarrea
....
navçûyin

dolor de cabeza
....
serêş

cáncer
....
qansêr

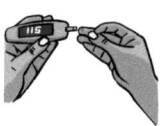

diabetes
....
nexweşiya şekirê

cirujano
....
emelîkar

escalpelo
....
skalpêl

operación
....
emelî

TC
CT

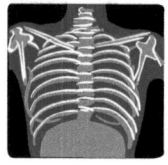

rayos X
sûretê rontgên

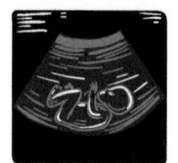

ultrasonido
ûltrasawnd

máscara
maskê rûyê

enfermedad
nexweşî

sala de espera
oda sekinînê

muleta
goçan

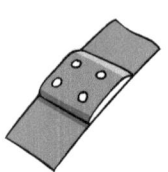

emplasto
şêl

vendaje
paçê birînpêçanê

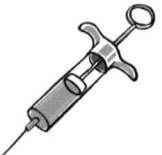

inyección
derzî

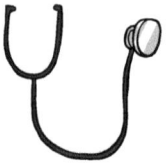

estetoscopio
bîstoka pizîşkî

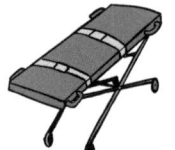

camilla
darbest

termómetro
têhnpîva klînîkê

nacimiento
zayîn

sobrepeso
qelew

audífono

alîkariya bihîstinê

desinfectante

bakterîkuj

infección

kotîbûn

virus

vîrûs

VIH / SIDA

HIV / AIDS

medicina

derman

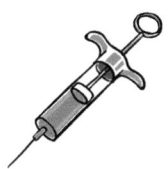

vacunación

kutan

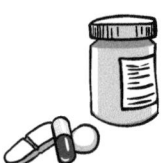

comprimido

heban

píldora anticonceptiva

heb

llamada de emergencia

lezgîn

medidor de presión arterial

dîmenderê pesto xwîn

enfermo / saludable

nexweş / sax

¡Ayuda!

Hewar!

alarma

alarm

asalto

êrîş

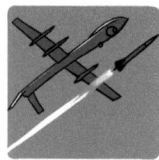

ataque

êrîşkirin

peligro

talûk

salida de emergencia

derketina acil

¡Fuego!

agir!

extintor

agir vemirandinê

accidente

qeza

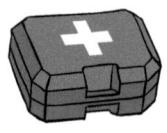

kit de primeros auxilios

aletên alîkariya yekem

SOS

SOS

Policía

polîs

Europa

Ewropa

América del Norte

Amerîkaya Bakûr

América del Sur

Amerîkaya Başûr

África

Afrîka

Asia

Asya

Australia

Awustralya

Atlántico

Atlantîk

Pacífico

Okyanûsa Mezin

Océano Índico

Okyanûsa Hindî

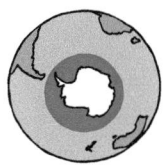

Océano Antártico

Okyanûsa Antarktîka

Océano Ártico

Okyanûsa Arktîk

Polo Norte

Cemsera Bakûr

Polo Sur

Cemsera Başûr

Antártida

Antarktîka

Tierra

erd

país

ax

mar

behir

isla

dûrge

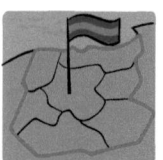

nación

milllet

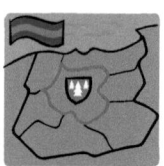

Estado

welat

cuadrante

rûyê saet

horario

nişanderka demjimêr

minutero

nişanderka deqe

segundero

nişanderka saniye

¿Qué hora es?

Seet çende?

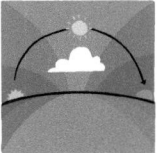

día

roj

tiempo

dem

ahora

niha

reloj digital

saetê dicîtal

minuto

deqe

hora

seet

semana
hefte

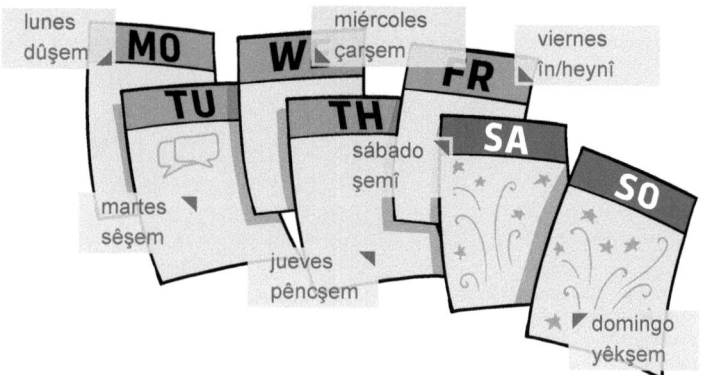

lunes
dûşem **MO**

TU

miércoles
çarşem **W**

TH

FR viernes
în/heynî

SA

SO

sábado
şemî

martes
sêşem

jueves
pêncşem

domingo
yêkşem

ayer
....
duh

hoy
....
îro

mañana
....
sibey

mañana
....
sibe

mediodía
....
nîvro

tarde
....
êvar

MO	TU	WE	TH	FR	SA	SU
1	2	3	4	5	6	7
8	9	10	11	12	13	14
15	16	17	18	19	20	21
23	23	24	25	26	27	28
29	30	31	1	2	3	4

jornada de trabajo
....
rojên karê

MO	TU	WE	TH	FR	SA	SU
1	2	3	4	5	6	7
8	9	10	11	12	13	14
15	16	17	18	19	20	21
22	23	24	25	26	27	28
29	30	31	1	2	3	4

fin de semana
....
dawiya hefte

lluvia
baran

arco iris
keskesor

viento
ba

nieve
befir

primavera
bihar

otoño
payîz

verano
havîn

invierno
zivistan

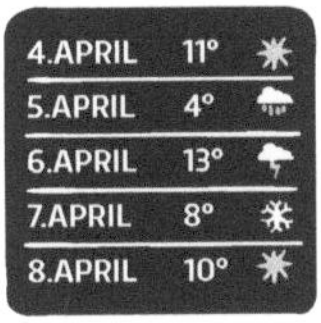

4.APRIL	11°	☀
5.APRIL	4°	🌧
6.APRIL	13°	⛆
7.APRIL	8°	❄
8.APRIL	10°	☀

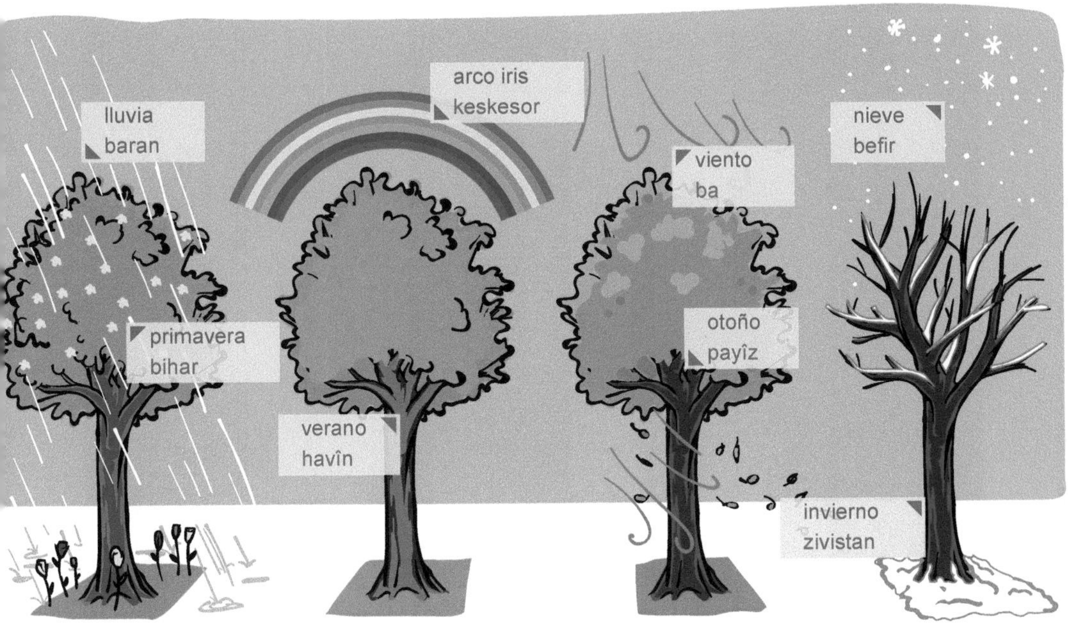

pronóstico meteorológico
....
pêşbîniya hewa

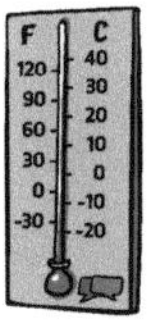

termómetro
....
tehnpîv

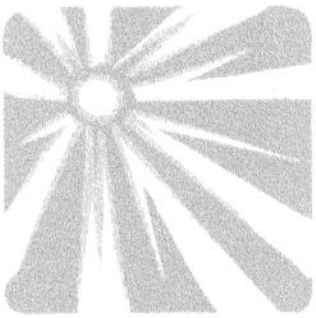

luz solar
....
tav

nube
....
hewr

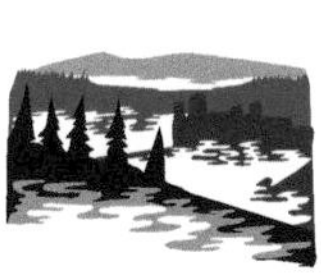

niebla
....
mij

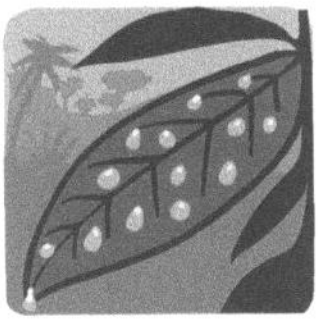

humedad ambiente
....
hêmî

relámpago
birq

trueno
brûsk

tormenta
tofan

granizo
terg

monzón
mansûn

inundación
lehî

hielo
cemed

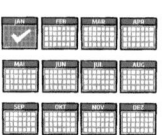

enero
rêbendan

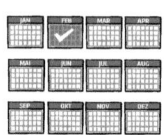

febrero
reşeme

marzo
newroz

abril
gulan

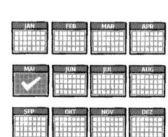

mayo
cozerdan

junio
pûşper

julio
gelawêj

agosto
xermanan

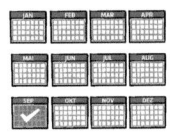

septiembre
rezber

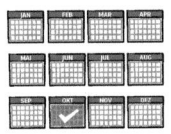

octubre
kewçêr

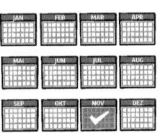

noviembre
sermawez

diciembre
befranbar

círculo
çember

cuadrado
çarçik

rectángulo
çarqozî

triángulo
sêqozî

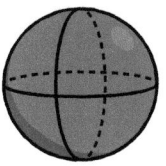

esfera
qada

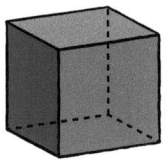

cubo
xiştek

blanco

sipî

amarillo

zer

anaranjado

pirteqalî

rosa

pembe

rojo

sor

lila

mor

azul

şîn

verde

kesik

marrón

qehweyî

gris

gewr

negro

reş

mucho / poco

zor / kêm

enojado / calmado

bi hêrs / bêdeng

bonito / feo

bedew / nerind

comienzo / fin

destpêk / dawî

grande / pequeño

mezin / biçûk

claro / oscuro

ronî / tarî

hermano / hermana

brak / xwişk

limpio / sucio

pagij / girêj

completo / incompleto

tevî / netemam

día / noche

roj / şev

muerto / vivo

mirî / zindî

ancho / angosto

fire / teng

disfrutable / no disfrutable

xweş / nexweş

malo / amigable

nebaş / baş

excitado / aburrido

bi heyecan / aciz

gordo / delgado

qelew / zirav

primero / último

yekemîn / dawîn

amigo / enemigo

heval / dijmin

lleno / vacío

tijî / vala

duro / suave

req / nerm

pesado / liviano

giran / sivik

hambre / sed

birçî / tînî

enfermo / saludable

nexweş / sax

ilegal / legal

neqanûnî / qanûnî

inteligente / tonto

rewşenbîr / balûle

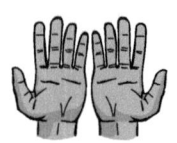

izquierda / derecha

çep / rast

cercano / lejano

nêzî / dûr

nuevo / usado

nû / bikarhatî

nada / algo

hîç / tiştek

viejo / joven

kal / ciwan

encendido / apagado

li / ji

abierto / cerrado

vekirî / girtî

bajo / fuerte

aram / dengbilind

rico / pobre

dewlemend / reben

correcto / incorrecto

rast / şaş

áspero / liso

dirr / hilû

triste / alegre

xemgîn / şa

breve / extenso

kurt / dirêj

lento / veloz

hêdî / zû

mojado / seco

şil / ziwa

caliente / frío

germ / hênik

guerra / paz

şerr / aşitî

0	**1**	**2**
cero	uno	dos
sifir	yek	dû
3	**4**	**5**
tres	cuatro	cinco
sê	çar	pênc
6	**7**	**8**
seis	siete	ocho
şeş	heft	heşt
9	**10**	**11**
nueve	diez	once
neh	deh	yazde

12
doce
dazde

13
trece
sêzde

14
catorce
çarde

15
quince
pazde

16
dieciséis
şazde

17
diecisiete
hefde

18
dieciocho
hejde

19
diecinueve
nozdeh

20
veinte
bîst

100
cien
sed

1.000
mil
hezar

1.000.000
millón
milyon

inglés

Inglîzî

inglés estadounidense

Inglîziya Amerîkî

chino mandarín

Çînî Mandarîn

hindi

Hindî

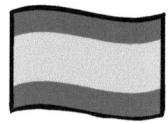

español

Îspanyolî

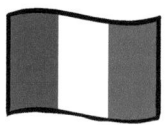

francés

Frensî

árabe

Erebî

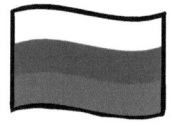

ruso

Rûsî

portugués

Portugalî

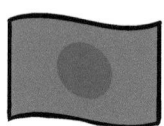

bengalí

Bengalî

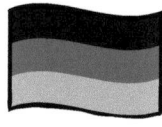

alemán

Elmanî

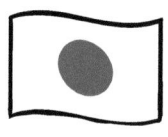

japonés

Japonî

yo

min

tú

tu

él / ella

ew / ev / ew

nosotros

em

vosotros

tu

ellos

ew

¿quién?

kî?

¿qué?

çi?

¿cómo?

çawa?

¿dónde?

kû?

¿cuándo?

kengî?

nombre

nav

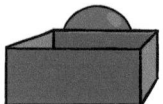

detrás

piştî

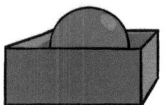

en

li

delante de

pêşî

encima de

ser

sobre

ser

debajo de

bin

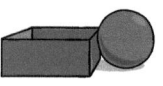

junto a

kêlek

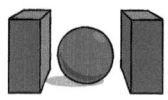

entre

navber

lugar

cih